AF340047

<h2 style="text-align:center">A Messieurs les Sénateurs</h2>

PREMIÈRE LETTRE POLITIQUE

PAR

M. DE SAINTE-MARIE

DE LA NIÈVRE

CONSTITUTION ET SÉNAT

SOMMAIRE

§ 1er. — Qui donc est gardien de la Constitution ?
§ 2. — Le Sénat, partie intégrante de la Représentation nationale, suffrage universel ; — Organes !
§ 3. — Constitution ! Pouvoirs ! Deux contre un !
§ 4. — Le Sénat médiateur !
§ 5. — Anciens usages des Assemblées françaises.
§ 6. — Le Sénat juge. — Le Sénat gardien de la Constitution !
§ 7. — Conclusion.

PARIS

IMPRIMERIE CENTRALE DES CHEMINS DE FER

A. CHAIX ET Cie

RUE BERGÈRE, 20, PRÈS DU BOULEVARD MONTMARTRE

1877

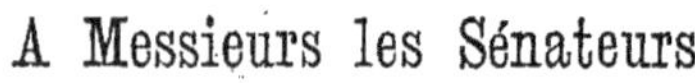

CONSTITUTION ET SÉNAT

SOMMAIRE

§ 1er.

Qui donc est le gardien de la Constitution ?

MESSIEURS,

Qu'il y ait de ma part présomption ou non de vous adresser, à vous, une lettre sur la Constitution et le Sénat, peu importe, pourvu que ma lettre soit vraie et utile.

Le journal *la Petite République Française* a écrit
(21 novembre) : « Dans la situation actuelle, c'est
» à la Chambre des Députés qu'il appartient de
» sauver le pays. »

Non pas! c'est au Sénat qu'il appartient de pré-
server le pays, car, c'est là son rôle constitutionnel
et sa mission légale!

M. le duc d'Audiffret-Pasquier, le président même
du Sénat vous a dit : « Vous n'avez pas à juger
» la constitutionnalité ou l'inconstitutionnalité des
» actes des autres pouvoirs publics. — Vous n'êtes
» pas dépositaires de la Constitution. — En dehors
» d'un cas unique, la dissolution, la Chambre des
» Députés n'est, à aucun titre, justiciable du
» Sénat. »

J'ose dire que cette théorie est contraire à la
Constitution, et que de cette Constitution vous êtes
les gardiens.

J'ajoute que cette question est la plus grave et
la plus actuelle qui se puisse traiter; que le sort
de toute la constitution et le sort du pays en
dépendent.

In hoc mandato, universa lex pendet, et prophetæ!

Oui, toute la Constitution! si le Sénat n'en est
pas le gardien, les prophéties sont faciles à faire.

Or, en dehors de la dissolution, je dis que le
Sénat a droit et moyen de s'opposer aux actes inconstitutionnels des autres Pouvoirs Publics, et que ses
droits et moyens résultent de la Constitution.

Une étude sérieuse de la Constitution et du Sénat est donc ici nécessaire.

§ 2.

Le Sénat. — Partie intégrante de la Représentation nationale. — Suffrage universel. — Organes.

Nous n'avons pas encore l'expérience des ressources de gouvernement que peut offrir le Sénat.

Nous avons l'habitude d'une Chambre haute, impuissante et annulée dès que la situation est grave (nos révolutions en ont malheureusement donné plusieurs exemples), Chambre disparaissant au premier souffle des tempêtes sérieuses, parce que ces Chambres hautes avaient si peu de racines dans le pays, si peu de force en elles-mêmes, qu'il suffisait de n'en pas tenir compte, et qu'on a pu un jour de révolution oublier le Sénat sur ses fauteuils tranquilles.

Tantôt souvenirs ranimés mais éphémères d'un passé qui n'existait plus, ombres d'une aristocratie qui n'avait plus sa puissance, les Chambres des Pairs ne représentant plus aucune force vive dans la nation, restaient, en effet, sans vigueur contre la Chambre des Députés représentants de la nation; — tantôt un Sénat émanation ou doublure du

Pouvoir, n'avait qu'un rôle tracé d'avance : la charge imposée par son origine d'appuyer le Pouvoir, et l'on ne voit pas que ni les Pouvoirs soutenus ainsi, ni les Pairs et Sénat aient tiré de là grande force !

La France, on peut donc le dire, n'a pas eu jusqu'à présent l'habitude de compter le Sénat pour beaucoup. Ces Pairs et Sénat, corollaires du Pouvoir, et tombant avec lui, ces Chambres hautes images effacées devant la figure toute en relief des Chambres de Députés, laissent encore dans les esprits une sorte de notion fausse qui explique et excuse un peu les prétentions et les idées qu'on entend tous les jours émettre avec tant d'assurance.

Soit que dans le rôle parlementaire des deux Chambres sous la Restauration, Louis-Philippe, et même l'Empire, ils voient toujours le grand rôle dans la Chambre des Députés ; soit qu'en remontant simplement à la dernière Assemblée nationale, ils veuillent se figurer le titre de Député actuel, égal à celui du Député à l'Assemblée souveraine, et se drapent ainsi dans une grandeur rétrospective qui ne leur appartient plus, les Députés aujourd'hui et les polémistes à leur suite n'oublient que ces choses : la réalité, le droit, la constitution, le Sénat !

Le Sénat, tel qu'il est aujourd'hui, ce Sénat ai-je dit, qu'on n'a pas encore l'habitude de compter pour ce qu'il est et doit être ! eh bien, ce sont de nouvelles habitudes à prendre, et c'est au Sénat à les créer et à les établir par les droits qu'il a reçus de la Constitution, et par la force nationale sur laquelle, lui aussi, il s'appuie.

Avant d'arriver aux droits du Sénat non reconnus par son président même, établissons donc d'abord les droits que les dernières discussions ont eu l'utilité de mieux mettre en lumière. En partant des principes nous serons conduits aux conséquences.

Le Sénat fait partie de la Représentation nationale aussi bien que la Chambre des Députés. Il est l'élu du suffrage universel exprimé par toutes les communes de France, avec cette remarque, que le suffrage créateur du Sénat est moins passionné, moins aveugle, moins entraîné que le suffrage créateur de la Chambre des Députés. « Le Sénat, a dit M. Dufaure (17 novembre), a absolument les mêmes droits que la Chambre des députés, *au même titre, avec des droits égaux ! »*

M. Welche se servant des expressions de M. Dufaure, M. Gambetta a crié *différents* et *nullement égaux* (Applaudissements à gauche). (Ch^bre des Députés, 24 novembre.)

Il y a, dans les deux Chambres, des attributions *différentes*, mais le droit représentatif est le même. La nation n'est pas représentée par la Chambre des députés seulement : ses représentants se nomment sénateurs, et députés.

Que si l'on disputait sur les droits ou pouvoirs *égaux*, il y aurait à dire pour le Sénat, pouvoirs *supérieurs*, et nous y reviendrons.

Mais, le 15 novembre, M. Gambetta avait dit,

parlant des trois pouvoirs : « Ce n'est pas le vrai nom, ce sont les *organes du suffrage universel.* »

En ce dernier point, M. Gambetta n'a peut-être pas cru si bien dire.

Le Président actuel de la République, organe du suffrage universel ! — Mais oui, car il a été délégué personnellement par l'Assemblée nationale qui représentait souverainement toute la nation.

Le Sénat, organe du suffrage universel ! — mais oui, et c'est là cette base nouvelle du Sénat, qui le rend si différent des Chambres hautes qui l'ont précédé, et lui donne une force que l'on n'envisage pas assez : sur laquelle le Sénat lui-même, je me permettrai de le dire, ne s'appuie pas assez : son origine, la représentation directe de toutes les communes de France.

« Par le mode de leur élection, les sénateurs se-
» ront les représentants des communes aussi bien
» que des départements. »

(Rapport sur les lois constitutionnelles. — Antonin Lefebvre-Pontalis, **22** février **1875.**)

Enfin, la Chambre des députés est aussi l'organe du suffrage universel.

Mais une fois ses organes créés, le suffrage universel n'a plus à se faire entendre, jusqu'à ce qu'il soit appelé légalement à choisir et à renouveler l'un de ces organes. Et de plus (qu'on veuille bien le remarquer), le renouvellement de l'un de ces organes, celui de la Chambre des députés par

exemple, comme il l'a fait dernièrement, n'ôte
rien au titre et à la puissance des autres.

Il est vrai que M. Gambetta a ajouté : « Le suf-
» frage universel est tout, il est le maître. — Quand
» on le consulte, tout doit s'incliner, car il n'y a
» pas deux souverainetés nationales, deux suffrages
» universels pour faire appel de l'un à l'autre, il
» n'y a pas deux lois ! »

Pour ce qui est de deux suffrages universels,
j'en demande bien pardon à M. Gambetta, mais
précisément il y en a deux ; et précisément encore
pour faire appel de l'un à l'autre, pour appeler du
suffrage confus et mobile au suffrage plus calme et
plus constant. Le suffrage qui nomme les sénateurs
et celui qui nomme les députés sont deux suffrages
dont on peut, comme je l'ai fait, différencier le
caractère, mais dont on n'a pas à différencier le
titre, la légalité et la force.

Quand on consulte l'un de ces suffrages, comme
on vient de le faire, on ne l'a pas consulté, on
n'aurait pas pu le consulter, comme le seul et le
maître : car il n'était consulté que par rapport à
l'un des organes de la nation, et nullement par
rapport aux deux autres.

Ah ! il *n'y a pas deux lois*, cela est vrai, mais il y
a la loi, la constitution qui établit trois pouvoirs,
trois organes de la nation, une triple délégation
nationale, la représentation nationale, non pas en
un pouvoir, mais en trois.

Il n'y a donc pas, en effet, deux souverainetés

nationales, il n'y en a qu'une : mais représentée par trois pouvoirs, et nul de ces trois pouvoirs, pas plus la Chambre des députés que le Sénat et la Présidence, n'a le droit de dire : Je suis la délégation nationale, je suis l'émanation du peuple, je suis à moi seul, la volonté nationale, je suis l'interprète de la nation : toutes formules dont la Chambre des députés ne se prive pas, qu'elle affectionne, et que le républicanisme radical affecte de n'appliquer qu'à elle.

Il faut bien être explicite sur ces vérités constitutionnelles et les répéter, puisqu'à chaque instant et par les journaux, et par les orateurs qui se piquent d'être diserts en politique, elles sont incomprises et dénaturées.

Il y a donc, comme représentation de la nation, une sorte de Trinité humaine et constitutionnelle, une certaiue combinaison cléricale, qui est faite pour contrarier vivement les idées anti-cléricales du républicanisme pur !

Que faire? Telle est la constitution!

Ce nombre de trois, cette combinaison de pouvoir exécutif et de pouvoir législatif en deux Chambres, formant en trois membres la représentation nationale, c'est ce que la sagesse humaine a pensé trouver de mieux, et c'est en quoi la constitution actuelle n'est pas aussi imparfaite qu'on veut bien dire !

§ 3.

Constitution! Pouvoirs! Deux contre un!

Je ne suis pas un admirateur des constitutions. Avant toutes constitutions qui organisent la société par le faîte, l'État, — je mets les lois électorale et communale qui organisent la Société par les bases, les bases naturelles sur lesquelles tout se fonde. Ces bases sont-elles imparfaites ou mauvaises, comme elles sont aujourd'hui, elles vicient tout le reste.

Je ne viens donc pas vanter outre mesure la constitution actuelle de 1875, qu'on voudrait déjà modifier, et qui, légalement, pourra l'être en 1880.

Mais les modifications que le radicalisme a en vue, les attaques que l'on commence à préciser, la grande envie qu'on témoigne pour une révision hâtive, la demande d'un congrès, pour donner à la Chambre des députés plus de pouvoir qu'elle n'en a, et donner à la présidence et au Sénat le moins de pouvoir possible; cela prouve que la constitution gêne le radicalisme, et qu'elle est trouvée mauvaise; surtout en ce qu'elle fait obstacle à la révolution.

Il y a des conservateurs qui l'ont critiquée comme ne donnant pas à l'un des pouvoirs une supériorité définitive, et ils entendent cette supériorité aux mains du Pouvoir exécutif.

La Chambre des députés voudrait cette supériorité entre ses mains : ce qui l'irrite, c'est qu'elle ne l'a pas; et sans s'attarder aux scrupules constitutionnels, elle s'emparerait volontiers de la prépondérance, se heurtant, quoi qu'elle fasse, comme une vague emportée contre une digue, à la constitution : elle voudrait déjà la démolir.

Je vois donc que la Constitution est assez bonne, qu'elle ne manque même pas de solidité, et que ce n'est pas aux conservateurs à la critiquer, ni surtout à la miner, à l'affaiblir eux-mêmes, à laisser ouvrir une brèche.

Je remarque, du reste, que du côté non radical, les critiques sur la constitution viennent de ceux qui voudraient aussi un coup d'État, un coup de force, c'est-à-dire aussi une révolution.

Je ne veux pas distinguer les coups de force par la qualité, et si la Constitution peut résister aux fantaisies de chacun, et à des fantaisies fort diverses, je dis que tous, républicains et autres, doivent être enfermés dans la Constitution.

Pour tous les partis, pour tous et contre tous, la constitution doit être maintenue.

Elle est la loi! Faire respecter la loi est la plus sûre et la meilleure garantie.

Les partis peuvent abuser tour à tour du *salus populi, suprema lex esto!* et les partis radicaux en ont abusé plus que tous les autres. — Suivant moi, l'adage, en le retournant, serait meilleur et plus vrai : *suprema lex, populi salus esto!* que la loi soit la chose suprème, qu'elle soit respectée par tout le monde! La loi avant tout, c'est le salut du peuple.

Nous n'avons pas à sortir de la loi par précipitation et par vaine frayeur; n'en sortons pas par esprit de parti et par des espérances qui trompent; nous garderons ainsi de par la loi, et sous la loi, le droit de maintenir et de contenir les autres. — C'est là, la véritable règle à suivre!

Or, la Constitution est la loi. Venue après tant d'autres constitutions raturées, expurgées et biffées, il faut bien supposer que l'expérience a dû servir à quelque chose dans une rédaction nouvelle.

Elle est la résultante de tant d'élaborations, imitations et discussions successives, qu'elle ne doit pas être si imparfaite que le disent tous ceux qui sont intéressés à la détruire!

Elle a emprunté assez à l'Amérique et aux idées démocratiques, pour qu'elle ne soit pas accusée d'être empruntée seulement à l'Angleterre et aux idées aristocratiques : peut-être, dans toutes nos constitutions, a-t-on négligé un peu d'emprunter surtout à la France; mais en résumé elle est la loi, bonne par les trois pouvoirs qu'elle a institués. Les trois pouvoirs, c'est là où se porte l'attaque!

M. Laboulaye a dit (19 novembre) : il n'y a que deux pouvoirs, l'exécutif et le législatif en deux Chambres; le troisième, d'après les publicistes, étant le pouvoir judiciaire.

Cette dispute de mots, ce purisme est assez singulier de la part du rapporteur de la loi *sur les*

Pouvoirs publics. Le bon sens général et la loi, sans s'occuper d'une théorie assez incomplète d'ailleurs sur les pouvoirs sociaux, ont nommé et nomment avec raison pouvoirs, les trois pouvoirs politiques distincts, qui sont : la Présidence, le Sénat et la Chambre des députés.

Il y a donc trois pouvoirs, malgré le mot de M. Gambetta, *organes*, qui ne tarderait pas à être ridicule; mais ce mot de pouvoirs déplait, parce qu'il entraîne de suite une idée très-simple : que là ou il y a trois pouvoirs, un de ces pouvoirs ne peut pas prévaloir contre les deux autres; au contraire, ce sont deux pouvoirs qui prévalent contre un.

Ces deux pouvoirs contre un, cela contrarie singulièrement, à ce qu'il paraît, la prétention de la Chambre des députés de prévaloir contre le sénat et la présidence; car M. Gambetta, le 15 novembre, et M. de Marcère, le 24, en parlent avec dédain et impatience, faute de mieux à répondre.

« Personne dans le sénat, dit M. de Marcère, » n'a voulu assumer la responsabilité de certaine » théorie des deux contre un. »

« On vient vous parler, dit M. Gambetta, avec » des formes de langage empruntées à la numéra- » tion la plus élémentaire, d'une théorie de deux » contre un. Cela ne vaut pas l'honneur d'une » discussion publique. »

Et c'est là où M. Gambetta, au lieu de pouvoirs, place son mot *organes*.

Mais, n'y eût-il que trois organes, la théorie de deux organes contre un serait encore vraie. Seulement, M. Gambetta pense peut-être que la Chambre des députés, à force d'enfler son organe, finirait par étouffer sous le bruit les deux autres.

Enfin, malgré le dédain pour la *numération*, ce qui est un peu contradictoire avec l'admiration du *nombre*, comme il y a trois pouvoirs, la théorie des deux contre un subsiste.

Elle est bien simple, elle est élémentaire, elle n'a rien de subtil, elle est tout à fait vulgaire. Il n'y a aucune hauteur de génie à trouver et à dire cela : deux contre un.

Mais il y a là une grande force de vérité; dans une constitution, il y a là une grande hauteur de bon sens! C'est tout le contraire d'un seul pouvoir, d'une seule convention. Alors que les conventions, pour décider les conflits, recourent à ces moyens que la date de Fructidor, ou que les noms de Girondins et Jacobins suffisent à rappeler, une constitution qui établit trois pouvoirs et qui par là, dans les conflits, donne le moyen simple et légal de deux contre un, je trouve que cela a plus de génie et de bon sens qu'une seule assemblée!

Pour la justice, on n'a rien trouvé de mieux non plus, que deux contre un. C'est ce qu'il y a de plus pratique dans la solution de toutes les affaires! —

Cette loi judiciaire et mathématique n'irriterait pas autant les radicaux, et même, ne la trouveraient-ils pas excellente ? si au lieu que la Chambre des députés a contre elle Présidence et Sénat, elle avait contre le Président le Sénat avec elle!

La théorie est bonne. Elle n'est pas seulement une numération élémentaire, elle est le recours et la règle de la justice, elle est la conséquence nécessaire, éternelle, philosophique et politique du nombre trois.

Loin donc que la Constitution rende la solution des conflits impossible, elle fournit au contraire la solution facile et évidente, — je dis facile, sans les passions qui n'admettent même pas l'évidence!

§ 4.

Le Sénat médiateur.

En outre des deux pouvoirs contre un, règle sèche et stricte, la Constitution a établi une chose moins numérique et plus conciliante, la médiation, le Sénat médiateur.

Là où il y a trois experts, trois juges, trois personnes, deux peuvent être du même avis contre le troisième, et font loi contre lui : mais de plus, il y a non pas trois avis égaux, mais l'un d'eux supérieur aux autres, l'arbitre, qui peut concilier, mitiger l'avis de chacun, se ranger en partie à un avis, en partie à un autre, en un mot être médiateur.

Le rôle de médiateur pour le Sénat, ressort de la Constitution, de la composition du Sénat, de ses attributions, de tout ce qui a été toujours dit et pensé d'un Sénat, de la nature même des choses.

A notre dernière Constitution on a peu, il est vrai, développé les motifs, car on voulait voter vite, et s'épargner les explications sur la question principale, la République.

C'était un compromis, ne satisfaisant personne entièrement, et peut-être en cela meilleur qu'il ne paraissait être : Constitution attaquée alors surtout par les conservateurs, ce qui paraît curieux aujourd'hui où les attaques ont bien changé de côté et d'objet.

Particulièrement à propos du Sénat, où certaines choses semblaient à désirer, les conservateurs, frappés de ces défauts, ne faisaient pas assez attention à ces deux points, plus importants que tout le reste : 1° l'origine, c'est-à-dire ce suffrage universel, dont il ne serait plus loisible à la Chambre des députés de se dire la seule délégation ; 2° l'attribution d'arbitre, de médiateur et même de juge.

Ils ne faisaient pas assez attention à l'importance finale de la chose par elle-même, c'est-à-dire deux Assemblées au lieu d'une !

M. de Castellane, entre autres, disait : « L'avenir » décidera si la constitution du Sénat telle qu'elle » est faite est un acte de sagesse et de prudence » bien réfléchi » ; cet avenir, qui est le présent aujourd'hui, me paraît avoir déjà décidé et décidera encore davantage, je l'espère, que le grand acte de sagesse et de prudence était d'établir un Sénat.

3

Car pour la Constitution actuelle, comme toutes les fois qu'il s'est agi pour nos Constitutions de décider entre deux Assemblées et une seule, les motifs de décision ont été les mêmes : une Chambre haute ou Sénat, a toujours été jugée nécessaire, comme protection des libertés publiques, contre la tyrannie d'une seule assemblée, et à titre de sagesse modératrice, à titre de médiateur.

Tandis que les théories radicales font à deux Assemblées les objections de superfétation et d'antagonisme, de manque d'unité, d'énergie et d'action, de dualisme dans le Parlement, objections que tous les jours on retrouve au fond de tous les désirs républicains qui ne rêvent et ne comprennent qu'une *Convention* ; le souvenir même de cette Convention et de sa tyrannie est demeuré contre une seule Assemblée une réponse suffisante.

Or, qu'on ne s'y trompe pas, là est encore toute la question.

Il y a deux Assemblées, par un fait qu'on n'a pas pu empêcher, par des concessions qu'il fallait faire, par un compromis sur République et Sénat : mais à présent garder la République et annuler le Sénat, surexhausser la Chambre des députés en demandant la somission des autres pouvoirs à elle, c'est-à-dire leur démission (car des deux mots on pouvait en supprimer un, l'autre suffisant à tout dire), ne voir, ne placer que dans la Chambre des députés le peuple souverain, le suffrage universel, *le Maître*, c'est toujours au fond la même chose, le même système, le despotisme d'une seule Assemblée !

Le radicalisme retardataire de 93 ne sortira jamais de cette idée. — Vous lui montrerez en vain les Républiques de Sparte, de Rome et des États-Unis, et de trois pouvoirs publics quand il n'y en a pas eu quatre et cinq comme à Rome. — Bien entendu, ne lui parlez pas des États Généraux de France et de leurs trois Assemblées, ni des Constitutions anglaises et modernes ! le radicalisme, sauf Venise qui lui paraît avoir eu du bon avec ses conseils secrets et son doge mis à mort, ne comprend et ne comprendra jamais que 93 et sa seule Assemblée !

Mais s'il y avait à trouver encore la preuve de ce que disait M. Thiers : « Deux Assemblées c'est la » liberté même, l'examen, la discussion. — Il faut » à ce souverain nouveau qu'on appelle le peuple, » des obstacles, des lenteurs qui l'obligent à ne pas » exécuter ses volontés aussitôt qu'il les conçoit, » ce qui est la tyrannie. » — S'il fallait encore la preuve de ce que disait M. de Tocqueville : « Une » assemblée unique conduit nécessairement à un » Gouvernement sans barrière, sans responsabilité, » sans mesure, irréfléchi, instable, tyrannique — » *quoi qu'on fasse pour la modérer elle traduira à l'instant* » *ses instincts, ses caprices en lois* — et le pouvoir » exécutif, que veut-on qu'il devienne dans ce tête » à tête avec une Assemblée ? *Qui apaisera les* » *conflits ?* Vous n'aurez que le valet docile d'une » Assemblée, ou le destructeur de la République, » tout cela n'est-il pas à l'adresse de MM. Gambetta,

Albert Grévy, Bethmont, Floquet et autres, en un mot à l'adresse de la Chambre des députés actuelle et du maréchal de Mac-Mahon? — s'il n'y avait pas le Sénat. Cela était dit en 1848, mais rien ne resemble plus à hier qu'aujourd'hui : a écrit La Bruyère.

« Voulez-vous un pouvoir fait pour un temps de
» Révolution, disait Victor Hugo, ayez une Cham-
» bre unique ! »

Ah, si l'on pouvait supprimer le Sénat actuel, combien la Révolution serait à l'aise, et comme elle sait bien où est l'obstacle! Mais le Sénat existe, et il n'a qu'à répondre à sa mission, elle est assez belle !

Comme rôle politique, partout où l'on a établi deux Assemblées législatives, le Sénat, sous un nom ou sous un autre, est *un conseil des anciens*, une Assemblée modératrice.

« L'expérience associée à la force! une Chambre
» représente la jeunesse, une autre doit représenter
» la maturité, celle-ci est le congrès des sages, l'autre
» est la réunion des *braves!* » style Hugo et lacé-
» démonien.

M. Thiers se contentait de dire : « D'un côté les
» *entreprenants*, les *ardents*, de l'autre les *sages* !
» Combien, ajoutait-il, aux Etats-Unis le Sénat
» rend de services? que de fautes il a prévenues,
» que de déterminations imprudentes il a empê-
» chées !
» M. de Fourtou a dit dans la discussion récente

» (14 novembre) d'une part la Chambre des dépu-
» tés représentant toutes les aspirations, toutes les
» ardeurs, toutes les mobilités d'un pays constam-
» ment agité par les problèmes de sa vie publi-
» que ; d'autre part un Sénat sortant lui aussi de
» la volonté nationale, mais exprimant, par la na-
» ture même de ses origines, un mouvement plus
» calme, plus tempéré de l'esprit public. »

Le rôle du Sénat a donc toujours en effet été
présumé le rôle de l'expérience et de la raison
calmée et mûrie par les années. Le Sénat ne doit
pas être une seconde arène de partis en querelle;
il serait funeste qu'il eût les mêmes ardeurs que
la Chambre des députés, et qu'il ne devînt qu'un
double écho de nos dissensions et de nos guerres
civiles.

« Il ne sera pas permis de considérer le Sénat
» comme un dédoublement de la Chambre des
» députés, — il ne sera pas un vain simulacre de
» pouvoir. — C'est le contrepoids de la loi du
» nombre que nous avons voulu chercher en or-
» ganisant le Sénat. Nous vous proposons donc un
» système d'élections (système adopté) qui ne fait
» pas du suffrage universel *un maître auquel il n'y*
» *ait qu'à obéir.* Par sa part inamovible, nous avons
» voulu la perpétuité des traditions dans le Sénat
» et donner aux intérêts intérieurs et extérieurs
» une sauvegarde (Rapport sur les lois constitu-
» tionnelles, 22 février 1875). Il faut donc s'en

4

» remettre surtout à la prudence du Sénat qui,
» grâce à sa composition et à sa durée, prendra
» sans nul doute un rôle modérateur dans le gou-
» vernement. (Laboulaye, rapport loi sur les pou-
» voirs publics, 7 juin 1875.)

Ainsi par sa base dans le suffrage universel, qui fait du Sénat la *Représentation des communes aussi bien que des départements* (rapport du 22 février 1875) et par sa durée, par la suite des traditions qui se perpétue en lui, le Sénat a sa nature et sa mission bien tracée. Pouvoir médiateur, pouvoir modérateur, c'est précisément pour un état de trouble comme celui où nous sommes, c'est surtout pour la solution des états de luttes et de crises, c'est pour garantir à la fois le pouvoir et la liberté, qu'il a été institué.

Il est bien difficile d'éviter toute crise. L'important est de les faire servir au bien du pays. Nul développement d'ailleurs dans le corps et dans l'âme, dans la nature et dans l'histoire, ne se fait sans crises plus ou moins violentes. La crise actuelle ne sera pas inutile, si elle sert à développer le Sénat, et à mettre en relief son action médiatrice.

§ 5.

Anciens usages des Assemblées françaises.

Nos anciennes Assemblées françaises avaient des usages qui mériteraient d'être imités, aussi bien que d'aller chercher tous nos modèles au delà du Pas-de-Calais ou de l'Atlantique.

Elles avaient, soit entre les membres de chaque assemblée, soit dans les rapports des assemblées entre elles, des habitudes fort différentes, il est vrai, de nos habitudes démocratiques, des habitudes de dignité et de courtoisie, de bienveillance et de respect mutuel, dont il n'est peut-être pas inutile de rappeler l'exemple.

En l'année 1789, où s'ouvrirent les États généraux, devenus Assemblée nationale, au mépris des mandats reçus, mais selon le système et le principe de toute révolution, une assemblée unique substituée aux trois assemblées ; — toutes les traditions des anciennes assemblées, des anciennes libertés, des anciens pouvoirs s'étaient perdues ; le droit national, il faut le dire, s'était oublié dans la durée, depuis 1614, de deux siècles.

Or, en 1614, loin d'être amers, loin d'être arrivés à cet état d'envie et de haine qui éclatèrent en 1789, à la suite de causes que je n'ai pas à dire ici, les rapports entre le Tiers-État, la noblesse et le clergé, étaient, dans les États Généraux, pleins d'estime, de déférence réciproque et pleins aussi de liberté.

Cet état d'hostilité entre les classes, qui depuis le siècle dernier s'est perpétué, qui est encore au fond de nos révolutions politiques, et qui est la désunion profonde et triste entre les citoyens d'une même patrie; cet état n'existait pas dans les temps antérieurs et, quand la nation se trouvait représentée comme aux États Généraux de 1614, par exemple; il est curieux de voir quels bons rapports existaient entre les trois ordres (expression et preuve de ceux qui existaient entre ces classes de la nation), et combien dignement, au point de vue politique, étaient entretrenus les rapports entre les trois pouvoirs, les trois Assemblées; dans la relation si exacte, et aujourd'hui fort appréciée par nos historiens, qu'a laissée de ces États Généraux, un de mes ancêtres, une des notabilités de ma famille, Florimond Rapine de Foucherenne, député du Tiers-État, l'un de ces orateurs choisis plusieurs fois en des circonstances graves, et dont la parole au chancelier Sillery : « *Députés, nous sommes aujourd'hui ce que nous étions hier* », a été citée comme ayant précédé de deux siècles celle de Mirabeau. (*Histoire des États Généraux*, Rathery.) Pour être libérale, la pensée alors n'était pas révolutionnaire; l'une des choses remarquables de ces États Généraux, ce sont les ambassades envoyées d'une Chambre à l'autre, lorsqu'il y avait désaccord — nous dirions conflit.

Lorsqu'un vœu, une remontrance, un avis dans les cahiers rédigés par une Assemblée n'étaient pas conformes au vœu, à l'avis de l'un ou l'autre des deux ordres, ou des deux autres, cette Assemblée prévenait l'autre ou les deux autres qu'elle allait lui envoyer un députation chargée, s'il était possible, de ramener à son avis et de rétablir l'union sur le point différemment décidé.

Cette députation, envoyée par une Chambre aux autres, n'était pas, comme actuellement, un simple échange de vues ou une discussion dans un bureau entre des commissions du Sénat et de la Chambre des députés; c'était avec la plus grande solennité, et avec des formes que supprimeraient nos habitudes et qui cependant avaient grande importance, c'était avec une gravité majeure, digne d'être imitée, que ces députations accomplissaient leur œuvre.

Composée des hommes les plus éminents et les plus diserts que l'*ordre* pouvait choisir, annoncée d'avance à la Chambre qui allait l'entendre, reçue avec toutes sortes d'honneurs, — et ces honneurs étaient rendus aussi bien par la Chambre de la noblesse à une députation du Tiers-État que par le Tiers-État à une députation de la noblesse (honneurs égaux), — conduite à une place choisie par des membres qui allaient au devant d'elle, cette députation avait son orateur, qui, prenant la parole, était écouté dans un grand silence et avec grande déférence, comme le représentant de l'Ordre qui l'avait envoyé. Il était répondu à cet orateur par une seule personne de l'assemblée, le président ou autre, exposant à son tour les raisons qui avaient motivé l'avis de cette assemblée, mais ne tranchant pas la question, et terminant en disant qu'il y serait délibéré à nouveau ; pour montrer toute la considération de l'assemblée envers l'autre et l'estime qu'elle faisait de son autorité et suffisance... éloges à l'orateur, éloges à l'Ordre qui l'avait envoyé, puis grands honneurs rendus à la sortie, comme à l'entrée.

Croit-on que tout cela ne valût pas bien nos sans-façons d'aujourd'hui, et que ces habitudes de dignité et de respect ne fussent pas utiles à la chose publique ?

En tout cas, il y avait là une manière de traiter les dissidences et conflits, et un moyen de les adoucir, qui mériterait d'attirer l'attention.

A ces États de 1614, il y eut entre autres : une députation du clergé, envoyée à la Chambre du Tiers-État, à propos d'une question de religion et de politique, on dirait aujourd'hui de cléricalisme (ces questions importantes au xvie et xviie siècle le sont restées encore) ; députation dont l'orateur fut le président même de l'ordre du clergé, le célèbre cardinal Du Perron. Son discours admirable, plus serré de raisonnements que ne le sont beaucoup de discours actuels, et qui serait encore aujourd'hui de la grande éloquence, discours auquel il fut répondu d'une manière habile et savante, libre et respectueuse, par le Président du Tiers-État, François Miron, ce discours du cardinal Du Perron (où il y aurait plus d'une actualité), s'il ne ramena pas entièrement à son avis le Tiers-État, lui fit modifier son avis et ses termes.

Ces députations d'une assemblée à l'autre avaient presque toujours un bon résultat, comme changement ou adoucissement de l'avis d'abord émis par une assemblée, et ils avaient toujours ce bon résultat d'entretenir des rapports de déférence et de conciliation entre un ordre et un autre.

Par leur apparat, par cette chose extraordinaire, et dont il n'était pas abusé, d'un grand orateur de l'une des Chambres envoyé à l'autre pour combattre son avis devant elle-même, devant cette Chambre qui ne discutait pas avec l'orateur, qui ne l'interrompait, ni ne l'interpellait, ni ne l'injuriait, mais qui l'écoutait avec curiosité d'abord, respect toujours, et lui répondait avec discrétion et louanges seulement par un orateur ; ces députations, ces ambassades tout à fait *parlementaires*, nous montrent nos ancêtres aussi avancés que nous dans l'intelligence des rapports entre les pouvoirs publics, — et plus sages.

Le clergé surtout se portait modérateur entre les deux autres ordres : parfois on réclamait sa médiation, et, cette mission toute naturelle à sa position, lui était reconnue, et avait un grand poids.

Tiers-État et noblesse ne représentaient pas des ennemis et du fiel, comme il est advenu depuis ;

ils représentaient des intérêts pas plus opposés, quant à l'intérêt national, que ne le sont aujour-d'hui en Angleterre les lords et les communes, mais toutefois des intérêts distincts ; — et le clergé était médiateur.

Je l'ai dit, cela est le rôle du Sénat. Pour le rendre plus efficace, je voudrais qu'il pût emprunter quelque chose à ces usages que je viens de citer.

Mais à cette mission de sagesse et de conciliation, le Sénat a encore à ajouter une puissance plus haute, celle de gardien de la Constitution, et quand il le faut, celle de juge !

§ 6.

Le Sénat jugé. — Le Sénat gardien de la Constitution.

Les discussions actuelles devaient nécessairement aboutir à cette question, — qui est gardien de la Constitution ?

Ce n'est pas le Sénat, a dit M. le duc d'Audiffret-Pasquier, Président du Sénat (17 novembre), et à cette assertion, dont j'ai au commencement cité les termes (v. § 1er) s'est ralliée aussitôt avec une entière approbation la gauche du Sénat.

« Nous n'avons ici aucun droit de contrôle sur

» ce qui se passe à la Chambre des députés
» (Jules Simon.)

» M. le Président du Sénat a nettement affirmé
» cette vérité constitutionnelle, qu'une Chambre
» ne peut apprécier les actes d'une autre Cham-
» bre. (Emmanuel Arago.)

» Nous ne sommes pas chargés de réprimer les
» inconstitutionnalités qui pourraient se glisser
» dans les actes de l'autre Chambre !... la Cham-
» bre des députés ne dépend du Sénat que rela-
» tivement au droit de dissolution. Oui, pour la
» dissolution le Sénat a un droit privilégié, supé-
» rieur ! hors de là, le Sénat n'a absolument que
» les mêmes droits que la Chambre des députés,
» au même titre avec des droits égaux. » (Dufaure.)

La gauche et le Président du Sénat ont donc
adopté cette définition restreinte du pouvoir séna-
torial, et la droite du Sénat, la majorité, n'a pour
le moment opposé aucune théorie différente.

A la séance du 19 novembre, ne voulant pas
agrandir et passionner le débat, cherchant l'apaisement bien plus que ses opposants n'ont voulu
le reconnaître, la majorité du Sénat s'en est tenue,
par un grand esprit de prudence, aux paroles de
M. de Kerdrel.

« Respectueux du principe tutélaire de la sépa-
» ration des pouvoirs, nous ne demandons pas au
» Sénat d'intervenir *dans les affaires intérieures* de la
» Chambre des députés. En dehors des décisions

» législatives qu'elle peut prendre, et que nous
» avons le droit de discuter, de réformer et même
» de repousser, elle a incontestablement le pou-
» voir de voter certaines résolutions qui *n'engagent*
» *qu'elle-même*, et qui échappent à notre contrôle.
» Pour qualifier l'enquête qu'elle a ordonnée le 15
» novembre, je suis trop décidé à ne pas susciter
» entre les pouvoirs de regrettables conflits ».

M. de Kerdrel, *pour plus de prudence*, avait écrit
ce qu'il voulait dire.

M. le duc de Broglie, après lui, a également
évité toute question de constitutionnalité.

Ainsi, M. de Kerdrel et la droite du Sénat,
n'ont opposé aucune protestation immédiate à ces
approbations que la gauche s'empressait d'apporter
à la théorie de M. d'Audiffret-Pasquier, un peu
empressé, ce me semble, à limiter les droits de
l'Assemblée qu'il préside, — mais M. de Kerdrel,
dans le ménagement de ses expressions, n'a pas
dit un seul mot qui acquiesce à cette théorie.

Et ces expressions que le Sénat n'a pas à intervenir *dans les affaires intérieures* de la Chambre des
députés, et que celle-ci peut voter des résolutions
qui *n'engagent qu'elle-même*, ces expressions parfaitement exactes et parfaitement régulières quant au
principe général de la séparation des pouvoirs,
n'impliquent aucune adhésion à cette théorie, que
le Sénat n'est pas juge de la constitutionnalité ou

de l'inconstitutionnalité des actes des autres pouvoirs publics.

La majorité du Sénat a gardé sur cette question le silence, en n'engageant en rien son opinion, et en évitant simplement et sur l'heure une discussion inopportune.

Cette grande réserve amènera-t-elle l'apaisement désiré ? cela empêchera-t-il les outranciers de la Chambre des Députés et de la République de s'irriter contre le Sénat et ses votes ? le conflit en aura-t-il moins d'âpreté ? hélas, la modération du Sénat sera peine perdue.

Le silence ne pourra se prolonger sur des questions dont M. Dufaure a dit : « Ces questions sont » graves, je ne le méconnais pas, je demande » seulement qu'on ne vienne pas demander au » Sénat une action quelconque sur l'autorité d'une » autre Assemblée. »

Ce qui est assez curieux, c'est que M. Laboulaye, le rapporteur d'une des principales lois constitutionnelles, *la loi sur les rapports des pouvoirs publics*, et qui venait combattre M. de Kerdrel, si craintif de troubler ces bons rapports, s'est écrié : « Cette » fois il faut prendre un parti, le pays a les yeux » sur nous ! Il se demande si le Sénat est réelle- » ment le défenseur des libertés constitutionnelles » et *le garant de la Constitution* ? »

Cette fin de discours est-elle conforme à la théorie de MM. d'Audiffret-Pasquier et Dufaure ? évidemment non ! je l'accepte donc en réponse à

cette demande, qui est le gardien de la Constitution ? et je dis : le Sénat.

Le Sénat est *le garant*, ou ce qui est plus exact
encore, le gardien de la constitution.

Il y a bien aujourd'hui un autre pouvoir aussi,
qui a la garde de la Constitution : il y a un privi-
lége spécial conféré par la Constitution au Président
actuel de la République, un pouvoir formel de
garder la Constitution, remis personnellement à
M. le maréchal de Mac-Mahon. M. le maréchal de
Mac-Mahon a cet honneur et cette force. Pendant la
durée des pouvoirs à lui confiés par la loi du 20
novembre 1873, c'est-à-dire jusqu'en 1880, lui seul
peut proposer la révision de la Constitution. Le
but bien déterminé de ce dernier article de la
Constitution, est de la maintenir autant que possible sans ébranlement jusqu'en 1880. Nul ne
peut prendre une initiative qui porte quelque
atteinte à la Constitution, nul ne peut provoquer
un congrès, si ce n'est le maréchal de Mac-Mahon.
Mais bien qu'il le puisse, il manquerait à la Constitution même et au but qu'on s'est proposé, s'il
venait à la légère, à la première demande venue
de M. Floquet ou autres, et sans les motifs les plus
graves, ôter à la constitution l'intégrité et la durée,
les deux choses remises à sa garde.

Tel est le droit constitutionnel et tout particulier
donné à M. le maréchal de Mac-Mahon, et qui
après lui n'appartient plus de même à la Présidence. — Mais en dehors de ce droit particulier, et

par droit général, le Sénat est gardien de la Constitution.

MM. d'Audiffret-Pasquier et Dufaure le reconnaissent bien, mais en un cas seulement, disent-ils, d'une seule manière, par le droit de dissolution. — Voyons !

Les lois ne peuvent être inconstitutionnelles, car les *lois* passent par la discussion et le vote des deux Chambres, et la promulgation.

Mais si les lois ne peuvent être inconstitutionnelles, les Députés peuvent prendre des résolutions qui *n'engagent pas seulement eux-mêmes*, mais qui engagent la Constitution, en la méconnaissant, en l'altérant, en allant indirectement ou directement contre elle, — résolutions inconstitutionnelles, actes inconstitutionnels ! — le Président et ses ministres le peuvent aussi, — la Chambre des députés peut être dissoute, le Président et les ministres peuvent être accusés, et le Sénat est le juge dernier des actes et des personnes.

Le Sénat par sa composition qui ne le renouvelle qu'en partie, et par l'expérience et l'âge des hommes qui en sont le fond permanent, *n'est pas présumé pouvoir tomber dans l'inconstitutionnalité.*

Si par impossible il y tombait, hypothèse que la Constitution ne veut pas même prévoir, et ce qui ne doit pas en effet être prévu du *Juge*, le Sénat serait averti assurément par la réunion contre lui de la Présidence et de la Chambre des députés. Alors se trouverait contre le Sénat, les deux pouvoirs contre un, et sans doute alors le Sénat ne se livrerait pas à cette passion de prédominance qui peut emporter la Chambre des députés et la Présidence jusqu'aux extrémités prévues par la Constitution.

Donc le Sénat, d'après la Constitution qui le fait juge des autres pouvoirs, qui ne lui donne pas à lui de juges directs, et se borne à lui infuser de temps à autre du sang nouveau dans les veines, pour le rajeunir sans lui ôter sa maturité, le Sénat est présumé muni de la sagesse qui maintient les autres, et se maintient elle-même dans la Constitution.

Il y maintient les autres comme juge.

Le droit de dissolution, le droit de jugement, ce sont les droits extrêmes que la Constitution a dû préciser et définir.

Toutes les lois précisent *le plus* et n'ont pas besoin de préciser le *moins*. Si elles prévoient l'extrême, elles ne peuvent pas prévoir et définir tout ce qui se trouve dans la grande marge en deçà de l'extrême ; et ici par exemple en deçà de la dissolution et du jugement, il y a des droits et des moyens qui naissent des circonstances et sont compris dans le rôle de pondérateur.

Avant d'accuser les ministres, ce qui est son droit écrit dans la Constitution, la Chambre des députés a bien des moyens de leur témoigner son blâme, son manque de confiance, de demander qu'ils se retirent, de juger leurs actes avant de requérir le jugement de leurs personnes, et elle ne se fait pas faute de recourir à de nombreux droits et moyens contre eux, en dehors de l'accusation, droit extrême.

Et pourquoi donc le Sénat, vis-à-vis d'un acte réellement inconstitutionnel de la Chambre des députés, s'il venait à se produire, n'aurait-il pas le droit de déclarer que cet acte est inconstitutionnel ?

Pour cet acte, sur la demande du Président de la République, il peut dissoudre la Chambre, et il n'aurait pas le droit de l'avertir ?

Il suffit même, que sans être dans la voie inconstitutionnelle, la Chambre des députés paraisse au Président et au Sénat être dans une voie mauvaise : bien plus, sans que la Constitution formule aucune cause précise de dissolution, cette dissolution pourrait avoir lieu, comme jugée utile à l'intérêt général ; — et lorsqu'il y aurait le cas très-grave d'inconstitutionnalité, le Sénat n'aurait pas le droit, au lieu de briser la Chambre, de la rappeler simplement à la Constitution ?

Il n'est permis à personne d'éluder la loi pour s'y soustraire, et de l'inobserver indirectement quand on ne peut directement l'enfreindre. Comment donc la Chambre des députés pourrait-elle éluder l'examen, la discussion, le rejet d'une loi par le Sénat, si cette résolution n'est prise que pour échapper aux formalités qu'entraîne le vote des lois, si cette résolution ne se bornant pas *aux affaires intérieures*, mais empiétant sur les autres pouvoirs, était inconstitutionnelle.

Comment, ne respectant pas le principe de la séparation des pouvoirs, la Chambre des députés se
prévaudrait-elle de ce principe même, pour se
soustraire au contrôle du Sénat?

Sans doute le Sénat n'a pas à exercer une sur-
veillance tracassière sur la Chambre des députés :
il n'y a pas de contrôle incessant et taquin ; mais
il y a le contrôle légal à ne pas annuler en évitant
de s'y soumettre, et lorsqu'il y a inconstitutionnalité, — l'inconstitutionnalité sera rare si elle peut
être empêchée ; elle deviendrait bientôt commune
si elle ne rencontrait pas d'obstacles, — s'il n'y
avait pas un contrôle obligatoire.

Ce serait toujours la même chose ! une seule
Assemblée, ayant ses coudées franches : en atten-
dant qu'on supprime le Sénat, l'éluder !

Eh bien, la manière la plus capitale d'enfreindre
la Constitution, et l'entreprise la plus ennemie de
la liberté est de vouloir directement ou indirectement une seule Assemblée souveraine, sauf en des
temps malheureux, exceptionnels comme ceux qui
ont donné naissance à la dernière Assemblée
nationale.

Mais alors la nation avait besoin de toute son
unité, et à la triste exception près du radicalisme
communard, elle était une. Alors il ne s'agissait
pas de libertés intérieures, il s'agissait de patrie et
de nationalité. Et aussi quand la première raison d'être
de l'Assemblée nationale n'a plus subsisté après la
libération du territoire, a-t-on vu peu à peu malgré la

grande honnêteté de cette Assemblée patriotique, a-t-on vu renaître et grandir les vices d'une seule Assemblée.

Donc, la grande loi qui est la substance de la Constitution et la garantie essentielle de la liberté, c'est deux Assemblées et non pas une seule; c'est-à-dire le contrôle du Sénat.

Nier le contrôle nécessaire du Sénat sur les actes inconstitutionnels de l'autre Chambre, n'admettre que le droit de dissolution, c'est ne pas comprendre la Constitution, c'est la conduire imprudemment à sa perte, comme imprévoyante et non viable. C'est lui reconnaître les défauts que le radicalisme veut lui trouver. C'est s'enfermer dans une impasse et fermer soi-même les issues que la Constitution nous offre, c'est pousser aux conflits inextricables au lieu d'en chercher et d'en trouver la solution dans la Constitution.

C'est admettre, par exemple, que la Constitution peut être interprétée par le président du Sénat, comme il l'a fait dans ce qu'il a dit, et ne pas vouloir d'abord qu'elle soit interprétée par le Sénat lui-même.

Avant d'ouvrir ainsi carrière à toutes les témérités de la Chambre jeune et passionnée, il faut songer aux barrières que peut lui opposer la Chambre sage et expérimentée, instituée d'ailleurs et tout exprès pour cette cause. Il faut voir le rôle du Sénat modérateur, et contrôleur de la seconde Assemblée *garant de la Constitution*, et ne pas s'en tenir à une théorie d'amoindrissement et d'impuissance.

Ceux qui appellent le maréchal de Mac-Mahon *détenteur du pouvoir exécutif* (Floquet) et qui réclament un Congrès et une solution, ne veulent pas des solutions que la Constitution facilite et impose.

Obligés de reconnaître au Sénat le droit de dissolution, ils ne veulent pas de moyens plus tempérés pour arrêter dans la voie inconstitutionnelle; ils poussent aux extrêmes; ils veulent, à force de la chauffer à l'excès, faire sauter la machine constitutionnelle.

La nation ne peut pas et ne doit pas être ainsi mise sans cesse en ébullition; et toute cette vapeur employée, ainsi que je l'ai déjà dit, à un seul des rouages de la Constitution, à un seul des pouvoirs, à la seule Chambre des députés; l'appel au pays dont on parle tant, n'étant pas fait dans ce cas par rapport aux deux autres pouvoirs qui subsistent les mêmes.

Je comprends un grand appel au pays, mais en 1879 seulement, pour régler 1880, et qui aurait trait alors à toute la Constitution.

Je le comprends alors dans des conditions où le pays sera mis à même, s'il est possible, de bien saisir ce qu'on lui demande.

Mais avant ce nouveau recours au suffrage, d'abord les lois communale et électorale faites ou revisées : et quant à présent, avant le droit de dissolution, le droit de contrôle.

Le Sénat a mis beaucoup de prudence à ne pas affirmer ses droits, à ne pas même les examiner

et les discuter, pendant que la deuxième partie de
la représentation nationale semble se croire et se
dire Assemblée souveraine. Maintenant le Sénat qui
est la première partie de la représentation nationale
doit s'élever à une prudence supérieure, celle de
bien examiner ses droits, de les établir, et par là
de sauvegarder la Constitution.

La prudence pour lui et pour le pays est de ne
pas se désarmer, de garder tous ses droits, de ne
pas les laisser périmer ou amoindrir.

La Chambre des députés a sa place légitime. Ne
diminuer en rien cette grande place, mais ne pas
lui laisser envahir celle du pouvoir exécutif, ni
celle du Sénat; voilà ce qui importe, non pas tant
au Sénat comme prérogative, qu'au pays comme
salut.

La Constitution, par cela même qu'elle est, ne peut
pas être, sans défense, livrée à qui veut l'enfreindre.

Le Sénat en est l'un des gardiens compétents et
autorisés.

Et puis, on s'effraye un peu trop des conflits.
Le conflit c'est l'antagonisme passionné, la discussion excessive. Mais enfin, quoique à l'excès, c'est
le produit et la preuve de la liberté. Le despotisme
et le silence sont choses plus simples, revenons a
ce qu'a dit M. Thiers, en 1848 : « Tous les pouvoirs
» dominants aiment le simple, c'est-à-dire l'absence
» des obstacles et des résistances. »

Aussi la Chambre des députés demande bien
vite un congrès qui, je l'espère, ne lui sera pas

accordé. Les deux Assemblées mises en une! et alors elle aurait recours à la numération élémentaire que M. Gambetta ne dédaignerait plus, — tant contre tant, — c'est fait, plus de contrôle. Restons-en donc à la Constitution et à la liberté. Il y a crise, soit! elle ne m'effraie pas pourvu que le Sénat demeure! la crise a commencé par les prétentions de la Chambre des députés voulant dominer Présidence et Sénat, et fausser la Constitution.

La crise doit se terminer par la Constitution mieux comprise et plus sérieusement respectée.

Le rôle du Sénat médiateur est tracé : le Gouvernement soutenu, la liberté gardée, la Constitution maintenue.

§ 6.

Conclusion.

J'ai écrit à l'Assemblée nationale, en 1873 et 1874, trois lettres politiques :

1° Mai 1873, sur la loi électorale; je montrais que les élections partielles, absolument contraires au principe du scrutin de liste, devaient être supprimées ; sinon qu'elles seraient la perte de l'Assemblée nationale ;

2° Juillet 1873, sur la loi communale; je montrais la nécessité de s'occuper de la commune avant tout. La nécessité d'organiser à la commune et au

canton l'influence des notabilités locales, seule
vraie direction qui puisse être donnée au suffrage
universel, à l'opinion publique, — rien n'a été fait;

3° Juillet 1874, contre le scrutin d'arrondissement;
j'osais dire aux conservateurs les plus éminents:
Vous vous trompez, le scrutin d'arrondissement
ne répondra pas à vos espérances : il sera la perte
des conservateurs !

Je crois dans ces trois lettres avoir touché juste
aux points les plus importants de la politique. Mes
lettres n'en ont pas moins été bien inutiles.

Aujourd'hui, je dis, toute la question est dans ce
que fera le Sénat, dans l'abandon et la négation
de ses droits, ou dans leur affirmation.

Qu'il soit à la hauteur de sa mission. Sans vio-
lence qu'il impose à toutes les violences un frein
dont le pays apprendra à reconnaître la force sa-
lutaire! qu'il fasse de l'autorité que la Constitution
lui donne, un emploi dont les passions, en se cal-
mant, soient bientôt forcées d'apprécier la sagesse!

Voilà, en restant entièrement dans la loi constitutionnelle, où sont les solutions acceptables par
tous, et digne d'une nation libre.

25 novembre 1877.

A. DE SAINTE-MARIE.

IMPRIMERIE CENTRALE DES CHEMINS DE FER. — A. CHAIX ET Cie,
RUE BERGÈRE, 20, A PARIS. — 18428-7.